Cuentos de hadas clásicos con un giro

El niño de jengibre

Escrito por Shannon Anderson
Ilustrado por Gal Weizman
Traducción de Pablo de la Vega

Un Libro de la Sirena
SEAHORSE PUBLISHING

Había una vez un niño llamado Malik y una niña llamada Yara. Les encantaba hornear con su abuela.

Hacían todo tipo de panes. Pan blanco, pan de trigo, pan de masa madre, bagels, croissants y más.

—Abuela, ¿podemos hacer pan de jengibre? —preguntó Malik un día.

—¡Sí! —gritó Yara—. Oí que si le das forma de niño ¡puede cobrar vida!

—No sé si eso es verdad, pero podemos intentar hacer uno —dijo riendo la abuela.

La abuela y sus nietos querían cuidar cuánta azúcar comían, por lo que no tenían en casa. Malik y Yara mezclaron los ingredientes y decidieron que su niño de jengibre tendría que ser libre de azúcar.

Después de mezclar la masa y darle forma de niño, lo metieron al horno a cocinar.

Luego de quince minutos, fueron al horno para comprobar si el niño de jengibre ya estaba listo. Cuando Yara abrió la puerta del horno, ¡el niño de jengibre se levantó de la bandeja y la saludó!

—¡Está vivo! —gritó Yara.

—¡Sí! ¡Sabía que funcionaría! —dijo Malik feliz.

El niño de jengibre saltó de la bandeja y fuera del horno.

El niño de jengibre olía delicioso.

—No veo la hora de probarlo —dijo Malik.

—Atrapémoslo —dijo Yara.

Pero el niño de jengibre corrió por toda la casa. Omar, el perro, comenzó a cazar al niño de jengibre.

—¡Ja, ja! ¡No pueden atraparme y no tengo un buen sabor porque estoy libre de azúcar! —dijo el niño de jengibre.

El niño de jengibre volteó la lámpara, tiró una vasija y corrió sobre el plato de Omar, salpicando agua.

Omar dio una mordida al niño de jengibre. Le arrancó un pedazo de la mano izquierda.

—¡Puáj! ¡Ugh! ¡Agh! —Omar dio arcadas y escupió el pedazo que tenía en la boca. Dejó de perseguir al niño de jengibre.

—¡Ja, ja! ¡No pueden atraparme y no tengo un buen sabor porque estoy libre de azúcar! —dijo el niño de jengibre.

Malik y Yara continuaron la persecución del niño de jengibre. Mientras el niño de jengibre corría , Luka, el gato, se despertó y se unió a la persecución. Le tiró un zarpazo y le arrancó un pedazo de la mano derecha.

Luka la engulló.

—¡Puáj! ¡Ugh! ¡Agh!

Y la escupió de inmediato.

—¡Ja, ja! ¡No pueden atraparme y no tengo un buen sabor porque estoy libre de azúcar! —dijo el niño de jengibre.

El niño de jengibre se dirigió a la ventana, que estaba abierta. Yara y Malik se apresuraron por la puerta principal para tratar de atraparlo. Antes de lograrlo, los gansos del estanque se lanzaron a perseguirlo.

¡Fue una pérdida de tiempo! Mientras se dirigía al agua, un pato le dijo al niño de jengibre que podía llevarlo.

—Súbete y te salvaré de estos gansos —dijo el pato.

—¿Estás seguro de que no querrás comerme? —preguntó el niño de jengibre.

Los gansos se acercaban rápidamente. El niño de jengibre se montó en la espalda del pato y se rio de los gansos.

—¡Ja, ja! ¡No pueden atraparme y no tengo un buen sabor porque estoy libre de azúcar! —dijo el niño de jengibre.

Mientras flotaban en el estanque, el pato vio a un pez en el agua. Sumergió la cabeza para atraparlo mandando al niño de jengibre por los aires y directo a la bandada de gansos. Con los picos abiertos, la bandada de gansos se lo comió con voracidad. Hasta el último pedacito.

Para entonces, Yara y Malik ya habían llegado al lugar. Alcanzaron a ver a la banda de gansos dando arcadas.

—¡Puáj! ¡Ugh! ¡Agh!

Yara y Malik se dieron cuenta de que el niño de jengibre había desaparecido.

—Abuela —dijeron en voz alta— nuestro niño de jengibre desapareció.

—Quizá la próxima vez deberíamos hacer pretzels —dijo la abuela.

La abuela, Yara y Malik extendieron un poco de masa y la doblaron en forma de pretzels. Esta vez, cuando abrieron el horno para ver si ya estaban hechos, nada se levantó de la bandeja. Nada brincó fuera del horno. Y los pretzels sabían deliciosos.

Nunca intentaron hacer un niño de jengibre de nuevo y todos vivieron felices para siempre.

Escrito por Shannon Anderson
Traducción de Pablo de la Vega
Ilustrado por Gal Weizman
Diseño de Under the Oaks Media
Desarrollo de la serie de James Earley
Editora Erica Ellis

Library of Congress PCN Data
El niño de jengibre / Shannon Anderson
Cuentos de hadas clásicos con un giro
ISBN 979-8-8904-2581-2 (hard cover)
ISBN 979-8-8904-2855-4 (paperback)
ISBN 979-8-8904-2879-0 (EPUB)
ISBN 979-8-8904-2867-7 (eBook)
Library of Congress Control Number: 2024933139

Printed in Canada/012025/CP20250101

Seahorse Publishing Company
www.seahorsepub.com

Published in the United States
Seahorse Publishing
PO Box 771325
Coral Springs, FL 33077

SEAHORSE PUBLISHING